Dieses Buch gehört

....

Für Gardis,

die abenteuerlustigste

Mutter der Welt

Das Leben ist ein Abenteuer

Inhaltsverzeichnis

Hallo du

Ja, du. Du hältst jetzt dein Buch „Das Leben ist ein Abenteuer" in deiner Hand.

In diesem Buch geht es darum, deine Umwelt bewusst wahrzunehmen. Es geht um die kleinen Dinge, die dein Leben so lebenswert machen. Dieses Buch zeigt dir, wie du die Jahreszeiten bewusst erleben und genießen kannst. Es begleitet dich jeden Tag durch alle Jahreszeiten, bei jedem Wetter, bei jedem Abenteuer-Ausflug und bei jeder Stimmung. Es wird die Wanderlust in dir wecken. Es wird dir helfen, dein inneres Kind in dir zu wecken. Lasst uns das Leben leben. Auf ins Glück!

FRÜHLING

Pass gut auf dich auf!

Der Frühling ist da!
Mach dich bereit für ein Abenteuer

Die Welt ist ein riesiger Spielplatz. Wiesen, Flüsse, Seen, Gebirge, Moorgebiete, Dünen und die Heidelandschaft machen unsere Natur so unvergleichbar schön und laden zum Verweilen ein. Manchmal möchten wir gleich für mehrere Nächte im Zelt bleiben. Seid euch bewusst, dass Abenteuertrips, vor allem alleine, nicht ganz ungefährlich sind. Daher solltet ihr daran denken, jemandem Bescheid zu sagen, wenn ihr einen Ausflug macht. Vergesst auch nicht, die nötigsten Basics wie ausreichend Wasser und Essen einzupacken. Und schon kann's losgehen.

Stürzen wir uns ins Abenteuer …

Gera
die Rau
ihr Lebe
Ende, be
zu fl

als

dachte,

sei zu

nn sie,

gen.

Wenn du mal wieder denkst, du würdest etwas nicht bewältigen können, denk einfach an Hummeln.

Aus der Sicht der Aerodynamik können Hummeln nicht fliegen. Für ihre Körpergröße sind die Flügel zu klein.

Der Hummel ist es egal. Sie fliegt einfach…

BAUMHUMMEL

B. hypnorum

ACKERHUMMEL

B. pascuorum

WIESENHUMMEL

B. pratorum

STEINHUMMEL

B. lapidarius

DUNKLE ERDHUMMEL

B. terrestris

Ameisen.
würmer
Bring
Garten.
eine Biene
kleine Seelen
Anrecht

über
eg Regen-
k ins Gras.
raus in den
las Fenster, um
etten. Sie sind
lie auch das
Leben
n.

Let your
heart
be your
COMPASS
N
W
O
S

Packliste für Abenteurer

- Wasserflasche
- Land-/Wanderkarte
- Kompass
- belegte Brote
- Decke
- Glas mit Schraubverschluss zum Sammeln von schönen Dingen
- kleines Handtuch
- Naturführer zum Bestimmen von Pflanzen und Tierspuren
- ein Block und Stifte zum Zeichnen und Schreiben
- kleines Fernglas
- warmer Pullover

Das Leben ist schön

Road Trip Playlist

So let's go - Alan Doyle

Three little birds - Bob Marley

You and your heart - Jack Johnson

Summer paradise - Simple Plan

Banana pancakes - Jack Johnson

93 Million Miles - Jason Mraz

Photograph - Ed Sheeran

Dellé - Tic Toc feat Gentleman

I bet my life - Imagine Dragons

Dem gone - Gentleman

Raindrops keep fallin' on my head - B.J. Thomas

Years around the sun - Miles Away

Africa - Toto

Hot air balloon - Owl City

Dandy - Hepburn and the Hooligan

Foot of the Mountain - A-ha

Dul
& die
verä
sich

ielst
Welt
dert
UDDHA
NvG

Du bist
eine
Wildblume

Frauen sind wie Wildblumen.
Sie sind frei, wild, elegant,
ungezähmt und wunderschön!
Vergiss das niemals auf
deinem Weg!
Du bist einzigartig.

Federn sind
kleine Grüße
von oben

Erstelle ein Feder-Sammelalbum

Zuerst vorweg: Viele Menschen fürchten sich davor, Federn zu sammeln, da sie denken, Federn würden schlimme Krankheiten übertragen. Draußen zu spielen, sich schmutzig zu machen und die Welt zu entdecken – das alles härtet ab und stärkt das Immunsystem.

Federn zu sammeln kann sehr spannend sein. Man entdeckt wunderschöne Muster, lernt neue Vogelarten kennen und geht wachsam durch die Welt. Den kleinen Dingen Aufmerksamkeit zu schenken, darauf kommt es an …

Um die Federn zu schützen, ist ein Schraubverschlussglas super geeignet.

Klebe die schönsten gesammelten Federn in ein Notizbuch und versuche, sie den passenden Vögeln zuzuordnen.

Schreibe den Fundort und das Datum dazu.

So erhältst du ein kleines Outdoor-Tagebuch und lernst noch etwas dabei.

Heute
ist mein
Lieblingstag

SOMMER

Hurra, der Sommer ist da!

Es ist soweit! Der heiße Sommer ist endlich da! Die Tage sind die längsten des Jahres. Wir sitzen die ganze Nacht mit Freunden am Lagerfeuer, grillen draußen, bekommen Reiselust, liegen faul in der heißen Sonne, springen in den kalten See, lieben es, den ganzen Tag draußen zu verbringen, sitzen bis spät in die Nacht in Decken gerollt draußen und gucken uns den klaren Sternenhimmel an.

Unsere Gedanken sind frei und wild. Wir haben unerklärliche Glücksgefühle im Bauch. Es kribbelt überall. Wir wollen reisen. Wir wollen Abenteuer erleben. Wir wollen das Leben in vollen Zügen genießen. Und das machen wir auch!

Gehe
lies ein

rfuß
Gras,
im See,
ch in der
letter auf
ne.

Sommer To Do-Liste

- nackt im See schwimmen
- in der Sonne malen
- mit Picknick im Rucksack nach einem schönen Platz im Grünen suchen
- frische Wäsche draußen aufhängen
- im Schatten unter einem Baum ein Buch lesen
- einen Blumenkranz für die Haare flechten
- Blumen pressen & mit den getrockneten Blumen eine Postkarte bekleben. Schick sie an gute Freunde.
- früh morgens mit nackten Füßen durchs taufrische Gras laufen
- nach Tierspuren suchen und sie bestimmen
- auf der Wiese liegen, die vorbeiziehenden Wolken beobachten und Wolkenbilder malen

SCHMETTERLINGE
Morphidae
-Morphoe
Satyridae
-Augenfalter
Papilionidae
-Payeni

Pieridae
-Zitronenfalter
Nymphalidae
- Hystaspes
Nymphalidae
-Titan

Collect
moments
not things
Wattwanderung
BÜSUM
– 2€ –

Fange schöne Momente ein

Du brauchst:

- ein leeres Marmeladenglas
- ein leeres Fläschchen (am besten mit Schraubverschluss, damit die Flasche nicht in der Tasche aufgehen kann)

Fülle dir Sand im Urlaub ab, versieh die Flasche mit einem kleinen Schild (z.B. Venice Beach) und stelle sie dir dort hin, wo du dich immer daran erfreuen kannst.

Sammele bei deinen Ausflügen oder bei Spaziergängen schöne Dinge wie Eicheln, schöne Steine, Federn, Moos usw. Verwahre sie unterwegs in deinem Marmeladenglas. So kannst du deine Schätze sicher nach Hause transportieren. Mit den Naturmaterialien kannst du basteln, dekorieren oder das gefüllte Glas als Erinnerung aufstellen.

Ha
girls
t
pr
AUDRE

py
are
tiest.
PBURN

STAY
wild & free
AT HEART

Regentage

- im warmen Sommerregen tanzen
- ein gutes Buch lesen
- ins Bett kuscheln und dem Regen zuhören, der ans Fenster prasselt
- basteln und malen
- Briefe an Freunde schreiben
- schöne Bilder aus Zeitschriften heraus-schneiden & ein „Wunsch-Büchlein" erstellen
- eine Gesichtsmaske auflegen
- ein warmes Bad nehmen
- ein Fotoalbum erstellen
- eine Biografie über sich selber schreiben
- Tagebuch führen

Die Welt
gehört dir ...

Not all of
those who
WANDER
are lost

Camping Checkliste

- Zelt
- Isomatte
- Schlafsack
- ausreichend Wasser
- Laterne
- Taschenlampe
- Wechselkleidung
- Taschenmesser
- Papier & Stifte
- Land- oder Wanderkarte
- Kartenspiel
- Buch
- Naturführer über heimische Tiere und Pflanzen
- belegte Brote oder Grillgut
- gute Snacks wie Nüsse & Äpfel
- Badesachen
- Handtuch
- Campingkocher
- Kaffeepulver
- Feuerzeug
- Erste-Hilfe-Kasten

Die Welt ist voller Magie

Sunshine
&
Daydreams

Wunderschöne Plätze in Deutschland

- den Sommer am Bodensee genießen
- Wanderungen durchs Allgäu
- durch das lila Blumenmeer der Lüneburger Heide spazieren
- am Ostseestrand Muscheln sammeln
- mit einem Kutter über die Nordsee tuckern
- am Lieblingsstrand sitzen und den Wind durchs Haar wehen lassen

Geld
zu

bedeutet
augeben
em reicher
rden.

Empfehlenswerte Städtetrips

London,
um die unterschiedlichen Stadtteile zu entdecken.

Nürnberg,
um die tolle Altstadt zu entdecken (und den Weihnachtsmarkt).

Hamburg,
während des Hafengeburtstags.

Ravensburg,
während „Ravensburg spielt" (ein Spielenachmittag, an dem in der ganzen Stadt Tische & Bänke aufgebaut sind) kann man sich Gesellschaftsspiele ausleihen & sie auch mit Fremden spielen.

Berlin,
um dort durch die Secondhand-Shops zu streifen.

Wien,
um die wunderschöne Stadt zu entdecken. Unbedingt zum Naschmarkt gehen!

Paris,
um in einem kleinen Café den Stadtplan zu durchforsten und Pläne zu schmieden.

Bregenz,
um dort durch Casinos zu flanieren und um den Pfänder zu besteigen. Von dort hat man eine traumhafte Aussicht auf den Bodensee.

Hannover,
um in den schönen Parks zu picknicken.

Amsterdam
mit dem Boot erkunden, welches man sich ausleihen kann. Und wie wäre es mit ein paar Nächten auf einem Hausboot?

Timmendorf Strand,
um im Strandkorb zu liegen und Muscheln zu suchen.

Lass deine
Träume
fliegen...
Fly high

Reisen
heißt
leben

Tolle Reiseziele

Kuba

- kubanische Zigarren paffen, einen Oldtimer ausleihen und durchs Land fahren, zur Straßenmusik tanzen

Rio

- auf den Berg Corcovado steigen, um die Christusstatue von Nahem zu sehen, nachts tanzen gehen, die Stadt erkunden, am Strand Volleyball spielen

England

- ein Auto mieten und durchs Land fahren, den Nachmittagstee standesgemäß in einem urigen Café zelebrieren, abends im Pub am Hafen bei Livemusik ein Bier genießen, die Küsten erobern

Malediven

- in einer Hängematte Cocktails schlürfen, im kristallblauen Meer baden, schnorcheln gehen, die Seele baumeln lassen

Island

- Road Trip in einem Jeep durch die vielschichtigen Landschaften, in Geysiren baden, auf Islandpferden reiten

Das beste Getränk für heiße Tage

- kaltes Wasser
- ausgepresste Zitrusfrüchte (Zitronen, Orangen, Limetten)
- ein Strang Minze

Das Wunderbare daran:

Um sich wohl zu fühlen und den Körper mit ausreichend Wasser zu versorgen, sollte man etwa zwei Liter Wasser pro Tag trinken. Neue Zellen im Gehirn bilden sich, man fühlt sich wacher und frischer. Das Hautbild wird besser, kleine Fältchen werden ausgepolstert. Viel Wasser während eines Fluges zu trinken hilft sogar, den Jetlag gut wegzustecken. Und das Beste: kalt gepresste Zitrone ist nicht nur eine Vitamin C-Bombe. Das Getränk stärkt das Immunsystem, entgiftet und entsäuert und hilft sogar beim Abnehmen, da es die Verdauung ankurbelt. Also: Serviert das Getränk euren Gästen auf einer Sommerparty und genießt es im Schatten. Lasst es euch gut gehen.

Warme Sommernächte

- in der Hängematte liegen und die Sterne beobachten
- eine Nachtwanderung machen
- ein Picknick bei Vollmond machen
- an einem See zelten
- nachts im See schwimmen
- mit einem Schlafsack unter freiem Himmel auf einer Wiese oder einer Waldlichtung übernachten
- sich zu zweit in Decken einkuscheln, eine gute Flasche Wein öffnen und sich die ganze Nacht Geschichten erzählen
- auf die Lauer legen und Nachtfalter beobachten

Die
ist
mag
Mom

Welt
voller
scher
ente

Auch in der Dunkelheit kann man zauberhafte Dinge entdecken.

Es gibt alleine 3300 bekannte Nachtfalter-Arten.

Um Nachtfalter zu beobachten, braucht man Folgendes:

- süßes Gemisch aus Fruchtmus und Bier, welches man an Baumstämme schmiert. Nachtfalter lieben nämlich faulende Früchte.

- schwach leuchtende Taschenlampe

Nehmt euch eine Decke mit und macht es euch gemütlich. Ihr braucht Geduld.

Die beste Zeit ist nachts.

Viel Glück!

Nachtfalter

Mon

phasen

Das Leben
ist wunderbar

- Das Leben ist magisch. Nimm dir Zeit, darüber nachzudenken, was dich glücklich macht.

- Kennst du die Natur um dich herum? Hörst du die Vögel zwitschern? Hörst du den Uhu im Baum? Sei achtsam.

- Nimm dir Zeit für dich. Atme tief ein. Spüre das Leben in dir. Spüre die Abenteuerlust. Erwecke das innere Kind in dir wieder zum Leben.

- Du kannst nachts nicht schlafen? Sorge dich nicht. Zieh dich warm an, mach einen Spaziergang. Ist noch jemand wach? Entdeckst du einen kleinen Igel bei der nächtlichen Futtersuche?

- Fühl dich wohl in deiner Haut. Du bist stark, du bist schön. Spüre wieder deinen gesamten Körper, indem du dich streckst und reckst und das Gras unter deinen Füßen spürst.

Ans Meer oder an die See fahren bedeutet, das Leben zu genießen.

ENTDECKE DAS WATTENMEER

Mach eine geführte Wattwanderung. Das Wattenmeer bietet Lebensraum für zahlreiche Tiere. Eine Wattwanderung ist sehr spannend und informativ. Sammle Muscheln & schönes Strandgut. Mach einen Strandspaziergang. Schwimme im Meer. Lass dir den Wind durchs offene Haar wehen. Bestimme mit einem Naturführer-Buch die Wattvögel, die du siehst. Versuche, schöne Fotos zu machen – von einem Sonnenaufgang, einer schönen Muschel, von Wattwürmern. Erstelle ein Fotoalbum als Erinnerung.

SA
INTH
SA
INMY

T
AIR
ND
HAIR

Das Wattenmeer

großer Brachvogel

Miesmuschel

gestreifte
Venusmuschel

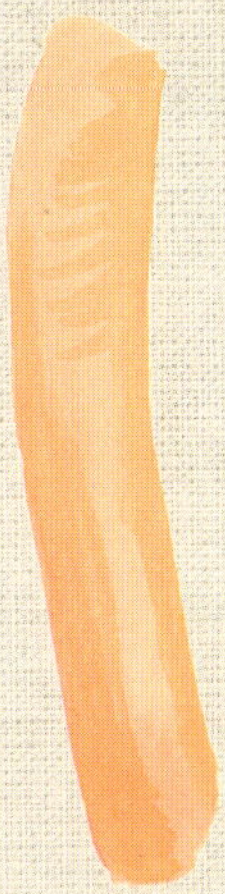

gerade Messerscheide

dünne Plattmuschel

Sandklaffmuschel

Taschenkrebs

Einen
GARTEN
zu bepflanzen
heißt, an morgen
zu glauben.

-AUDREY HEPBURN-

Blumensammelalbum/ Herbarium

Du brauchst:

- Notizbuch
- Stift zum Beschriften
- Tesafilm oder Washi Tape
- schwere Bücher zum Pressen
- Blumenlexikon

Sammele draußen beim Spaziergang oder im Garten schöne Blüten. Lege sie schnell zwischen Buchseiten, da manche Blümchen empfindlich sind und gepflückt schnell welken. Achte darauf, dass die Blätter schön gerade liegen. Beschwere das Buch. Nun heißt es abwarten … Bis die Blumen durchgetrocknet sind, dauert es ein paar Wochen.

Nun kannst du sie in dein Herbarium (= Sammlung getrockneter Pflanzen) kleben. Versuche, den Namen und die für dich wichtigen Informationen (Vorkommen, Blütezeit …) zu recherchieren und notiere sie neben deinen getrockneten Blüten.

Viel Spaß beim Entdecken!

Press deine Blumen hier

Wildblumen

Kamille

Himbeere

Weiß-Klee

Schneeglöckchen

Acker-Hornkraut

Weiße Taubnessel

Sumpf-Herzblatt

HERBST

Herbstliebe

Juhuuu, ist das wunderbar:

Der wunderschöne melancholische Herbst ist da!

Die Sonnenstrahlen glitzern durch die Äste.

Die Blätter verwandeln sich gelbgold und fallen wie kleine Sternschnuppen von den Bäumen.

Beeren reifen im Wald heran und laden zu ausgedehnten Waldspaziergängen ein.

Igel beginnen, sich ein Winterquartier in den Laubhaufen zu suchen.

Die Stimmung im Wald, auf den Wiesen und in unseren Herzen ist wunderbar.

Wir genießen die Stille, kommen nach den Sommermonaten zur Ruhe, trinken Tee und genießen die kühlen verregneten Tage mit einem Buch und Wollsocken am Kamin oder an der Heizung.

Das Leben ist schön.

HERBST Favoriten

Apfelmuffins

Apfel-Zimt-Te

gefallene Eicheln sammeln

warme
Wollsocken
verwelkte
Blätter
geschnitzte
Kürbisse
romantischer
Kerzenschein

Schöne Ideen gegen Langeweile

- Kuschele dich in eine Decke ein und mach es dir mit einer Schreibmaschine oder einem Laptop gemütlich.
- Schreibe deine Lebensgeschichte auf.
- Sammele bei einem Spaziergang Naturmaterialien (Steine zum Bemalen, Treibholz, Kastanien, Blätter …) und bastle zuhause schöne Einrichtungsgegenstände oder Geschenke für deine Familie, wie ein Mobile oder einen Bilderrahmen.
- Presse Blumen und beklebe Karten für deine Freundinnen und Freunde. Schicke sie ab.
- Schreibe Briefe an deine engsten Freunde und bedanke dich bei ihnen für eure Freundschaft.
- Packe einen Rucksack mit einer Decke und einem kleinen Picknick & entdecke die Natur in deiner Gegend.
- Gehe mit einem Malblock und Stiften raus und male die schönste Blume, die du findest.

Leben
HÖN

Die Sprache der Wolken

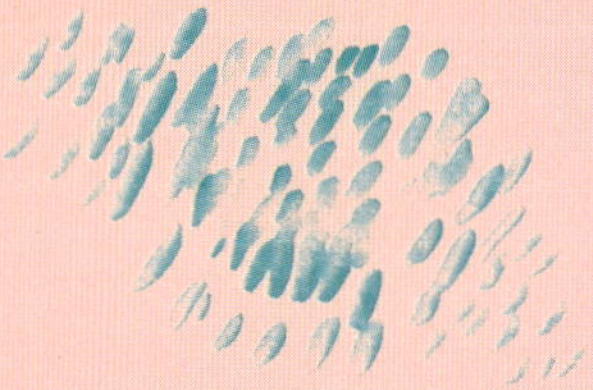

Zirrokumuli

Schleierwolke

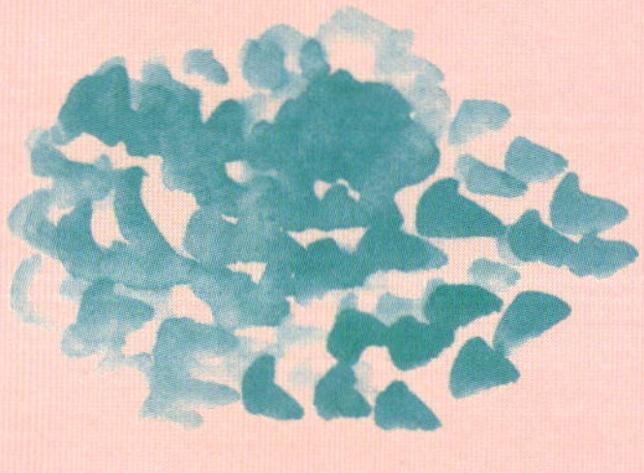

Altokumuli

Stratuswolken

Federwolken
kündigen eine Warmfront oder Regen an.

Zirrokumuli
sind dünne weiße Kristallwolken und weisen auf ein starkes Gewitter hin.

Schleierwolken
bedecken den gesamten Himmel und bringen innerhalb der nächsten 36 Stunden Regen.

Altokumuli
sind mittelhohe Wolken, die meist beständiges Wetter versprechen.

Kumulonimben
sind große quellende Wolkentürme, die klassische Gewitterwolken sind.

Stratuswolken
sind eine graue Wolkenschicht und kündigen schlechtes Wetter an.

Blätter von einheimischen Bäumen

Birnbaum
Ahorn
Eberesche
Buche
Birke

ADVE
IS OUT

NTURE
THERE

Heimische Vögel

Blaumeise
Nachtigall
Zaunkönig
Dompfaff

Nicht alle Pilze sind essbar!
Im September und Oktober ist die Hauptsaison für Pilzsammler. In jeder Region werden Pilztouren angeboten. Dort erklärt man genau, worauf man achten muss und welche Pilze essbar sind.

WINTER

Winter wonderland

Der eingeschneite Wald ist im Winter wunderschön. Zugefrorene Seen, vereiste Äste, eine weiße Schneeschicht, die die Bäume bedeckt und Tierspuren, die versuchen, sich im Schnee zu verewigen. Doch man muss vorsichtig sein. Im Winter herrscht bei den Waldbewohnern Futterknappheit. Die Tiere bewegen sich nur, wenn es unbedingt nötig ist, um Energie zu sparen. Wenn die Waldbewohner durch uns aufgescheucht werden, verlieren sie die nötige Energie, die sie zum Überleben im Winter brauchen. Darum gilt es, den Waldspaziergang leise zu genießen & auf den Wegen zu bleiben. Folge den Tierspuren nicht in den Wald hinein. Inspiziere lieber die Spuren, die deinen Weg kreuzen. Atme tief ein. Lass den Alltagsstress hinter dir. Spüre den kalten Wind auf deiner Haut. Genieße den Moment.

My winter favourites

Lichterglanz

Lebkuchenmännchen

Schlitten fahren

Zuckerstangen

Kekse backen

heißer Punsch
zum Aufwärmen

kuschelig
warme
Wollsachen

duftende
Mandarinen

Winter To-Do

Schlitten fahren

- einen Weihnachtsbaum schmücken
- eine heiße Schokolade trinken
- Kekse backen
- einen Schneemann bauen
- Schlittschuhlaufen
- Zeit mit der Familie verbringen
- einen Weihnachtsfilm anschauen
- Frank Sinatra - Weihnachtsmusik hören
- der dunklen Jahreszeit mit Kerzenschein und Lichterketten trotzen
- in Decken gekuschelt ein gutes Buch lesen
- auf Weihnachtsmärkte gehen
- Glühwein/Punsch schlürfen
- Adventskalender verschenken

Tolles Keksrezept

Ausstechkeks-Gelingrezept

Du brauchst:

- 1 Ei
- 250 g Mehl
- 125 g Butter
- 125 g Zucker
- 1 gestrichener Esslöffel Backpulver
- bunte Streusel oder Nusssplitter zum Verzieren

Alle Zutaten zu einem glatten Teig kneten. Am besten beeilst du dich, um die Butter nicht zu weich und klebrig werden zu lassen.

Den Teig für eine Stunde in den Kühlschrank stellen & auf mehlbestäubter Fläche ausrollen. Nun nach Herzenslust ausstechen und mit Streuseln garnieren.

Anschließend Kekse bei 175 °C für 10-15 Minuten backen.

I LOVE THE Woods

Wanderlu

Mache lange Winterspaziergänge. Die kalte, frische Luft ist besonders vitalisierend und gesund. Genieße den Moment. Atme tief ein. Entspanne. Lass los. Fühl dich frei. Anschließend schmeckt ein frisch aufgebrühter Tee wunderbar.

st

Heißer Punsch

- 1/4 Liter naturtrüber Apfelsaft
- 1/4 Liter Orangensaft
- 3 Nelken
- 1 Teelöffel Zimt
- 5 Gewürznelken
- 2 Zimtstangen
- Orangenscheiben einer Bioorange
- Honig oder Ahornsirup zum Süßen
- bei Bedarf Rotwein, Rum oder Amaretto hinzufügen
- wenn es alkoholfrei sein soll, mit Wasser verdünnen

Mitten im tiefsten
Winter wurde mir bewusst,
dass in mir ein unbesiegbarer
Sommer wohnt.

- Albert Camus -

Badezusatz

Erkältungs- & Aufwärmbad

1 Liter Milch

5 Tropfen Fichtenöl

5 Tropfen Eukalyptusöl

getrocknete Kamillenblüten

bei trockener Haut

1 Liter Milch oder

Buttermilch

3 EL Honig

ein paar Tropfen Orangenöl

Zauberhafte Weihnachtsmusik

- Santa Baby - Eartha Kitt
- Winter Wonderland - Louis Armstrong
- I'll be home for Christmas - Bing Crosby
- Have yourself a merry little Christmas - Frank Sinatra
- Silver Bells - Dean Martin
- Driving home for Christmas - Chris Rea
- Let it snow - Dean Martin
- Santa Clause is coming to town - J. F. Coots
- White Christmas - Frank Sinatra
- Sleigh Ride - The Boston Pops Orchestra
- The Christmas Song - Nat King Cole
- Please come home for Christmas - Charles Brown
- It's the most wonderful time of the year - Andy Williams
- Weihnachtsbäckerei - Rolf Zukowski

überwinternde heimische Vögel

Rotkehlchen

Rotkehlchen sind Frühaufsteher. Sie zwitschern ab dem frühen Morgen bis spät in die Nacht. Sie lieben eigentlich Insekten und Würmer. Da diese im Winter aber schwer zu beschaffen sind, nehmen sie auch mit Samen und Körnern vorlieb. Ihr Winterquartier suchen sie sich gerne in Hecken & Sträuchern und bevorzugen ein Zuhause nahe dem Wasser. Im Winter kann man sie gut an Futterhäusern und Meisenknödeln beobachten.

Stockente

Stockenten ziehen über Winter nicht in den Süden, sondern bleiben an dem Teich, an dem sie geboren wurden. Sie können zwar fliegen, der Flug in den Süden ist ihnen aber zu anstrengend. Ihre Leibspeise sind Pflanzen, Samen, Körner, Würmer, Schnecken und Frösche. Im Winter trifft man sie ab und an in Gärten an, da sie auf Futtersuche sind.

Singdrossel

Die Singdrossel gehört zu den sogenannten Teilziehern, also den Vögeln, die nur einen Teil des Winters in wärmeren Regionen verbringen. Viele Singdrosseln bleiben jedoch den ganzen Winter über in Deutschland. Die Singdrossel liebt Schnecken mit Haus. Um das Häuschen zu knacken, fliegt sie mit ihm zu einem bestimmten Stein. Dort klopft sie das Schneckenhaus so lange darauf bis es zerbricht. Im Winter stellt sie dann ihre Ernährung auf Beeren jeglicher Art um.

Buntspecht

Dem Buntspecht macht der Winter nichts aus. Er stellt seinen Speiseplan etwas um. Saftige Würmer, Maden und Käfer, die er sehr bevorzugt, tauscht er im tiefen Winter gegen Nüsse und Samen am Vogelfutterhäuschen aus.

Der Abwasch kann warten. Das Leben nicht!

Anleitung zum Glücklichsein

- Nur du alleine bist für dein Glück verantwortlich.
- Lerne, dich so zu akzeptieren, wie du bist.
- Schreibe auf, was dich glücklich macht.
- Gehe regelmäßig deinen Interessen nach.
- Trenne dich von Menschen, die dich runterziehen und die nicht an dich glauben.
- Sammele in einer „Erinnerungskiste" Dinge, die dich an schöne Momente erinnern (z.B. Kinokarten, einen schönen Stein vom letzten Spaziergang oder Urlaubspostkarten von Freunden)
- Gönne anderen Menschen Erfolge von ganzem Herzen. Neid kann viel zerstören.
- Hilf anderen mit einer kleinen Spende, deiner Zeit oder deiner Hilfe.
- Mache dir beim Aufwachen bewusst, wie dein Leben verlaufen soll.
- Vergiss nie, dass schlechte Tage einfach dazu gehören.
- Plane Kurzurlaube und Wochenendtrips. Entdecke neue Städte.
- Finde zurück zur Natur.
- Miste deine Sachen aus und konzentriere dich auf das Wesentliche.
- Mache alles, was du tust, so gut du kannst.

Nora von Gadenstedt wurde 1988 in Hannover geboren. Ihre Kindheit verbrachte sie in einem kleinen Schloss im Schwarzwald. Schon in jungen Jahren faszinierten sie die Wildtiere im anliegenden Park. Am Bodensee lernte sie, die Natur und die Jahreszeiten bewusst zu erleben und zu genießen. Mit 25 Jahren zog sie schließlich der Liebe wegen zurück in ihre Geburtsstadt Hannover. Zusammen mit ihrem Partner Tobias Pirk betreibt sie seit 2014 die Manufaktur "Mr. & Mrs. Panda". Aus dem Herzen Hannovers verschickt das Paar Produkte mit handgezeichneten Motiven in die ganze Welt. Ihre Inspirationen schöpft Nora vor allem aus der Natur. Als überzeugte Vegetarierin liebt sie Tiere und deren natürlichen Lebensraum. Diese liebevolle Verbindung zu ihrer Umwelt zeigt sich in jedem noch so kleinen Motiv der Künstlerin.

Danksagung

Wow, ich kann es noch gar nicht richtig glauben. Das Buch ist genauso geworden, wie ich es mir gewünscht habe. Ohne Hilfe wäre das Buch aber nie fertig geworden. Deshalb möchte ich die letzte Seite nutzen, um mich nochmal von Herzen zu bedanken.

Danke an dich. Ja, an dich. Du hälst das Buch in deinen Händen, hast dir die Seiten angesehen, hast vor dich hingeträumt und kannst dich daran erfreuen. Für dich habe ich dieses Buch geschrieben und gezeichnet. Danke dafür, dass du es genauso sehr liebst wie ich. Ich hoffe, du lässt dich inspirieren und erlebst wundervolle Abenteuer. Das Leben ist schön!

Danke Tobi, dass du immer an mich geglaubt und mich motiviert hast. Danke, dass du mich mit Zeichenstiften und Farbe ausgestattet hast. Danke, dass du mir immer und immer wieder gesagt hast, wie schön du meine Zeichnungen und meine Ideen findest. Du bist wunderbar und bereicherst mein Leben Tag für Tag.

Danke Mama, dass du immer hinter mir stehst und von der ersten Minute an mich geglaubt hast, als wir unser Unternehmen "Mr. & Mrs. Panda" gegründet haben.

Danke für deine motivierenden Worte, deine Unterstützung und deinen festen Glauben an mich und meine Arbeit.

Danke Wladimir, dass du meine Zeichnungen mit viel Liebe und Geschick zu Buchseiten gestaltet hast. Dank dir ist jede Seite genauso geworden, wie ich es mir gewünscht habe. Du bist unglaublich talentiert. Es war mir eine Ehre, mit dir zusammenzuarbeiten.

Ein spezielles Dankeschön an meine Freunde, die sich immer wieder nach dem Buch erkundigt haben, mich inspiriert haben und mir immer wieder gesagt haben, wie stolz sie auf mich sind. Eure Worte waren so wichtig für mich!

Danke an alle unsere lieben Mitarbeiterinnen. Ihr seid ein wichtiger Teil unserer Panda-Familie! Ohne euch wäre vieles nicht möglich. Ihr seid wunderbar!

Und zu guter Letzt: Danke, liebes Leben, dass du so wunderbar zu mir bist! Du schenkst uns eine wunderschöne Natur und sorgst dafür, dass wir alles haben, was wir zum Glücklichsein brauchen. Liebes Leben, ich werde so oft von dir umarmt, dass es mir fast wie ein Traum vorkommt. Ich freue mich auf weitere wunderbare Jahre voller Abenteuer, Kreativität, Lachen und Sonnenschein.

Das Leben ist ein Abenteuer!
Eure Nora

Über Mr.& Mrs. Panda

„Mr. & Mrs. Panda" ist ein Handmade-Unternehmen, das 2014 von Nora von Gadenstedt und ihrem Lebenspartner Tobias Pirk gegründet wurde.
Die Idee dahinter: Den Menschen ein Lächeln ins Gesicht zaubern. Sie möchten der Welt zeigen: Das Leben ist schön!

Also fing Nora an, zu zeichnen. Sie zeichnet kleine Tiere, die Abenteuer erleben. Sie zeichnet Blumenwiesen, Berge und Glühwürmchen - eben das, was sie gerade fröhlich macht.
So entstanden auch die ersten Motive für dieses Buch.

Tobi kümmert sich derweil darum, dass Noras Motive auf die verschiedensten Alltagsgegenstände kommen und in ihrem Onlineshop (www.pandaliebe.de) zu finden sind.

So erobern Tassen, Fußmatten, Postkarten, Poster, Mauspads, Stiftemappen, Handtücher und Kissen die Räume ihrer Manufaktur in Hannover.
Dass alle Produkte in der „Panda-Schmiede" von ihnen und ihren Panda-Helfern selbst hergestellt werden, ist für die beiden Ehrensache.

Dieses Buch ist Noras Herzstück. Alle Zeichnungen sind von ihr mit viel Liebe entworfen und handgezeichnet.

Impressum

ILLUSTRATION & TEXT: Mr. & Mrs. Panda, Nora von Gadenstedt
WEITERE MITWIRKENDE: Tobias Pirk & Wladimir Janowitsch
PRODUKMANAGEMENT: Hannelore Irmer-Romeo
COVERGESTALTUNG: Nora von Gadenstedt/Eva Hook
HERSTELLUNG UND SATZ: Jessica Siebert
DRUCK UND BINDUNG: DZS Grafik, Slowenien

1. Auflage 2024

ISBN 978-3-7358-8129-8 * Best.-Nr. 28129

MIX
Papier | Fördert gute Waldnutzung
FSC® C106600

Penguin Random House
Verlagsgruppe FSC® N001967